www.editions-mango.com

Jean-Luc Sady

Craquez pour le tiramisu !

30 recettes inédites de votre dessert préféré

Photos : Pierre Desgrieux
Réalisation et stylisme : Catherine Méry

Sommaire

4 Tiramisu noix de coco et Tatin de mangues

Préparation
5 minutes

Sans cuisson

Ingrédients pour 4 personnes
4 biscuits à la cuillère
250 g de mascarpone
3 jaunes d'œufs
400 g de sucre semoule
70 g de noix de coco râpée
le zeste d'½ orange
1 cuillerée à soupe de rhum
10 cl de crème liquide
1 gousse de vanille
120 g de beurre
2 mangues
4 cuillerées à soupe de Malibu®

Pour le décor :
noix de coco râpée

/ Dans un saladier, mélangez au fouet le mascarpone avec les jaunes d'œufs, 100 grammes de sucre semoule, la noix de coco, le zeste d'orange et le rhum.

/ Ajoutez la crème liquide montée en chantilly bien ferme. Réservez au frais.

/ Épluchez les mangues et coupez-les en morceaux. Détaillez le beurre en gros dés.

/ Dans une casserole, faites caraméliser le sucre restant avec 8 centilitres d'eau et la gousse de vanille fendue en deux jusqu'à l'obtention d'une jolie teinte blonde. Ajoutez les dés de beurre et mélangez. Incorporez les morceaux de mangues. Faites cuire à feu doux pendant 10 minutes. Enlevez la gousse de vanille et laissez refroidir.

/ Garnissez le fond de chaque verre avec 1 biscuit à la cuillère imbibé de Malibu®.

/ Déposez une première couche de crème au mascarpone. Répartissez les mangues Tatin et recouvrez d'une seconde couche de crème. Saupoudrez de noix de coco râpée et réservez au frais pendant 2 heures avant de servir.

Bon à savoir !
Pour une version sans alcool, vous pouvez utiliser du nectar de mangue.

Tiramisu de pamplemousse, vanille et anis

Préparation
5 minutes

Sans cuisson

Ingrédients pour 4 personnes
4 biscuits à la cuillère
250 g de mascarpone
3 jaunes d'œufs
100 g de sucre semoule
2 cl de pastis
10 cl de crème liquide
2 pamplemousses roses
2 cuillerées à soupe de miel d'acacia
1 gousse de vanille
4 cuillerées à soupe de marsala

Pour le décor :
gousses de vanille

/ Dans un saladier, mélangez au fouet le mascarpone avec les jaunes d'œufs, le sucre semoule et le pastis. Ajoutez la crème liquide montée en chantilly bien ferme. Réservez au frais.

/ Pelez à vif les pamplemousses et détaillez-les en quartiers.

/ Dans une poêle, chauffez le miel et la gousse de vanille fendue en deux. Retirez la gousse de vanille et roulez les quartiers de pamplemousses dans le miel en les enrobant bien de tous côtés.

/ Garnissez le fond de chaque verre avec 1 biscuit à la cuillère imbibé de marsala.

/ Déposez une première couche de crème au mascarpone. Répartissez les quartiers de pamplemousses et recouvrez d'une seconde couche de crème.

/ Décorez chaque verre de gousses de vanille et réservez au frais pendant 2 heures avant de servir.

Bon à savoir !
Pour une version sans alcool, vous pouvez utiliser du jus de pamplemousse.

Tiramisu figues et abricots au vin d'orange

Préparation
15 minutes (+ 12 heures de macération)

Sans cuisson

Ingrédients pour 4 personnes
4 biscuits à la cuillère
250 g de mascarpone
3 jaunes d'œufs
100 g de sucre semoule
5 cuillerées à soupe de liqueur de Grand-Marnier®
10 cl de crème liquide
100 g de figues sèches
100 g d'abricots secs
1 gousse de vanille
1 bâton de cannelle
15 cl de vin d'orange

Pour le décor :
poudre de cacao

/ La veille, mélangez les figues et abricots coupés en morceaux avec la gousse de vanille fendue en deux et le bâton de cannelle. Arrosez de vin d'orange et laissez macérer toute la nuit.

/ Le jour même, dans un saladier mélangez au fouet le mascarpone avec les jaunes d'œufs, le sucre semoule et 1 cuillerée à soupe de liqueur de Grand-Marnier®. Ajoutez la crème liquide montée en chantilly bien ferme. Réservez au frais.

/ Égouttez les fruits macérés. Dans une petite casserole, réduisez le vin d'orange jusqu'à l'obtention d'un liquide sirupeux. Mélangez à nouveau avec les fruits.

/ Garnissez le fond de chaque verre avec 1 biscuit à la cuillère imbibé de liqueur de Grand-Marnier®.

/ Déposez une première couche de crème au mascarpone. Répartissez les fruits au sirop. Recouvrez d'une seconde couche de crème.

/ Saupoudrez de poudre de cacao et réservez au frais pendant 2 heures avant de servir.

Bon à savoir !
Pour une version sans alcool, vous pouvez utiliser du jus d'orange.

Tiramisu fraises à la fleur d'oranger

Préparation
5 minutes (+ 1 heure de macération)

Sans cuisson

Ingrédients pour 4 personnes
4 biscuits à la cuillère
250 g de mascarpone
3 jaunes d'œufs
100 g de sucre semoule
le zeste d'½ citron
10 cl de crème liquide
200 g de fraises
2 cuillerées à soupe de cassonade
2 cuillerées à soupe d'eau de fleur d'oranger
4 cuillerées à soupe d'amaretto

Pour le décor :
poudre de cacao

/ Lavez, équeutez et coupez les fraises en morceaux. Saupoudrez de cassonade et arrosez d'eau de fleur d'oranger. Laissez macérer 1 heure en remuant de temps en temps.

/ Dans un saladier, mélangez au fouet le mascarpone avec les jaunes d'œufs, le sucre semoule et le zeste de citron râpé. Ajoutez la crème liquide montée en chantilly bien ferme. Réservez au frais.

/ Garnissez le fond de chaque verre d'1 biscuit à la cuillère imbibé d'amaretto.

/ Déposez une première couche de crème au mascarpone. Répartissez les fraises à la fleur d'oranger. Recouvrez d'une seconde couche de crème.

/ Saupoudrez de poudre de cacao et réservez au frais pendant 2 heures avant de servir.

Bon à savoir !
Pour une version sans alcool, vous pouvez utiliser du sirop de fraise.

Tiramisu melon au nectar d'abricot

Préparation
10 minutes

Sans cuisson

Ingrédients pour 4 personnes
4 biscuits à la cuillère
250 g de mascarpone
3 jaunes d'œufs
100 g de sucre semoule
1 cuillerée à soupe de Cointreau®
10 cl de crème liquide
1 melon
2 cuillerées à soupe de miel de lavande
20 cl de nectar d'abricot
1 gousse de vanille
4 cuillerées à soupe de liqueur de melon

Pour le décor :
quelques feuilles de menthe fraîche

/ Épluchez et coupez le melon en cubes. Dans une casserole, chauffez le miel avec le nectar d'abricot et la gousse de vanille fendue en deux jusqu'à obtenir un liquide sirupeux. Ajoutez les cubes de melon et mélangez pour qu'ils soient bien imprégnés de sirop. Réservez.

/ Dans un saladier, mélangez au fouet le mascarpone avec les jaunes d'œufs, le sucre semoule et le Cointreau®. Ajoutez la crème liquide montée en chantilly bien ferme. Réservez au frais.

/ Garnissez le fond de chaque verre avec 1 biscuit à la cuillère imbibé de liqueur de melon.

/ Déposez une première couche de crème au mascarpone. Répartissez les cubes de melon au nectar d'abricot. Recouvrez d'une seconde couche de crème.

/ Décorez de quelques feuilles de menthe fraîche et réservez au frais pendant 2 heures avant de servir.

Bon à savoir !
Pour une version sans alcool, vous pouvez utiliser du nectar d'abricot.

L'italien

Préparation
15 minutes

Sans cuisson

Ingrédients pour 4 personnes
16 biscuits à la cuillère
300 g de mascarpone
3 jaunes d'œufs
15 cl de crème liquide
100 g de sucre semoule
25 cl de café
2 cuillerées à soupe de Kahlúa®

Pour le décor :
poudre de cacao
grains de café chocolat

/ Dans un saladier, mélangez au fouet le mascarpone avec les jaunes d'œufs et le sucre. Ajoutez la crème liquide montée en chantilly bien ferme. Réservez au frais.
/ Mélangez le café et le Kahlúa® et trempez les biscuits.
/ Garnissez le fond de chaque coupelle d'une première couche de biscuits. Répartissez la moitié de la crème au mascarpone. Déposez une seconde couche de biscuits et recouvrez avec le reste de crème.
/ Saupoudrez de poudre de cacao et réservez au frais pendant 2 heures avant de servir.

Bon à savoir !
Pour une version sans alcool imbibez les biscuits de café.

Tiramisu au pavot, myrtilles à la cannelle

Préparation
10 minutes (+ 1 heure de macération)

Sans cuisson

Ingrédients pour 4 personnes
2 madeleines
250 g de mascarpone
3 jaunes d'œufs
100 g de sucre semoule
60 g de graines de pavot
1 cuillerée à soupe d'amaretto
10 cl de crème liquide
200 g de myrtilles
60 g de cassonade
1 pincée de cannelle
4 cuillerées à soupe de marsala

Pour le décor :
graines de pavot et poudre

/ Mélangez les myrtilles avec la cassonade et la cannelle. Réservez au frais pendant 1 heure en remuant de temps en temps.

/ Dans un saladier, mélangez au fouet le mascarpone avec les jaunes d'œufs, le sucre semoule, les graines de pavot et l'amaretto. Ajoutez la crème liquide montée en chantilly bien ferme. Réservez au frais.

/ Garnissez le fond de chaque verre de brisures de madeleines imbibées de marsala. Déposez une première couche de crème au mascarpone. Répartissez les myrtilles à la cannelle. Recouvrez d'une seconde couche de crème.

/ Saupoudrez de graines de pavot et de poudre de cannelle et réservez au frais pendant 2 heures avant de servir.

Bon à savoir !
Pour une version sans alcool, vous pouvez utiliser du sirop de mûre.

Tiramisu pêches blanches au sirop de groseille

Préparation
10 minutes (+ 12 heures de macération)

Sans cuisson

Ingrédients pour 4 personnes
2 madeleines
250 g de mascarpone
3 jaunes d'œufs
100 g de sucre semoule
5 cuillerées à soupe d'amaretto
10 cl de crème liquide

Pour les pêches au sirop de groseille :
4 pêches blanches
100 g de groseilles
300 g de sucre semoule

Pour le décor :
quelques groseilles

/ La veille, préparez les pêches au sirop : épluchez les pêches et coupez-les en cubes. Dans une casserole portez à ébullition le sucre et les groseilles avec 50 centilitres d'eau. Ajoutez les pêches et laissez cuire pendant 5 minutes. Laissez macérer toute la nuit.

/ Le jour même, dans un saladier mélangez au fouet le mascarpone avec les jaunes d'œufs, le sucre semoule et 1 cuillerée à soupe d'amaretto. Ajoutez la crème liquide montée en chantilly bien ferme. Réservez au frais.

/ Égouttez les pêches. Garnissez le fond de chaque verre de brisures de madeleines imbibées d'amaretto.

/ Déposez une première couche de crème au mascarpone. Répartissez les pêches au sirop. Recouvrez d'une seconde couche de crème.

/ Décorez de quelques groseilles et réservez au frais pendant 2 heures avant de servir.

Bon à savoir !
Pour une version sans alcool, vous pouvez utiliser le sirop de cuisson des pêches.

Tiramisu poires et mirabelles

Préparation
10 minutes

Sans cuisson

Ingrédients pour 4 personnes
2 madeleines
250 g de mascarpone
3 jaunes d'œufs
100 g de sucre semoule
5 cuillerées à soupe d'amaretto
10 cl de crème liquide

Pour les poires au coulis de mirabelles :
2 poires au sirop
200 g de mirabelles
30 g de sucre semoule

Pour le décor :
poudre de cacao

/ Préparez les poires au coulis : dénoyautez les mirabelles. Coupez les poires en cubes. Dans une casserole, portez à ébullition le sucre et les mirabelles avec 5 centilitres d'eau pendant 5 minutes. Mixez en un fin coulis. Ajoutez les cubes de poires. Réservez au frais.

/ Dans un saladier, mélangez au fouet le mascarpone avec les jaunes d'œufs, le sucre semoule et 1 cuillerée à soupe d'amaretto. Ajoutez la crème liquide montée en chantilly bien ferme. Réservez au frais.

/ Garnissez le fond de chaque verre de brisures de madeleines imbibées d'amaretto.

/ Déposez une première couche de crème au mascarpone. Répartissez les poires à la mirabelle. Recouvrez d'une seconde couche de crème.

/ Saupoudrez de poudre de cacao et réservez au frais pendant 2 heures avant de servir.

Bon à savoir !
Pour une version sans alcool, vous pouvez utiliser le sirop des poires.

Tiramisu aux biscuits roses de Reims, confit de fruits rouges

Préparation
10 minutes

Sans cuisson

Ingrédients pour 4 personnes
9 biscuits roses de Reims
250 g de mascarpone
3 jaunes d'œufs
100 g de sucre semoule
1 cuillerée à soupe de marc de champagne
10 cl de crème liquide
4 cuillerées à soupe d'amaretto

Pour le confit de fruits rouges :
100 g de confiture de groseilles
70 g de cerises dénoyautées
70 g de framboises
70 g de fraises

/ Préparez le confit de fruits rouges : faites fondre la confiture de groseilles dans une casserole avec 1 cuillerée à soupe d'eau. Ajoutez les 3 fruits rouges et mélangez doucement pendant 2 minutes afin de bien les enrober. Réservez.
/ Écrasez finement 5 biscuits roses. Dans un saladier, mélangez au fouet le mascarpone avec les jaunes d'œufs, le sucre semoule, le marc de champagne et les biscuits réduits en poudre. Ajoutez la crème liquide montée en chantilly bien ferme. Réservez au frais.
/ Garnissez le fond de chaque verre avec 1 biscuit rose imbibé d'amaretto.
/ Déposez une première couche de crème au mascarpone. Répartissez le confit de fruits rouges. Recouvrez d'une seconde couche de crème.
/ Réservez au frais pendant 2 heures avant de servir.

Bon à savoir !
Pour une version sans alcool, vous pouvez utiliser le coulis de fraises ou de framboises.

Tiramisu mûres-violette

Préparation
10 minutes

Sans cuisson

Ingrédients pour 4 personnes
4 biscuits roses de Reims
250 g de mascarpone
3 jaunes d'œufs
100 g de sucre semoule
1 cuillerée à soupe d'amaretto
10 cl de crème liquide
4 cuillerées à soupe de liqueur de violette
30 g de violettes cristallisées

Pour le coulis de mûres à la violette :
300 g de mûres
60 g de sucre semoule
5 cl de liqueur de violette

Pour le décor :
quelques violettes cristallisées

/ Préparez le coulis de mûres à la violette : dans une casserole, portez à ébullition le sucre semoule et les mûres avec 5 centilitres d'eau pendant 5 minutes. Passez au moulin à légumes puis incorporez la liqueur de violette. Réservez au frais.

/ Dans un saladier, mélangez au fouet le mascarpone avec les jaunes d'œufs, le sucre semoule et l'amaretto. Ajoutez la crème liquide montée en chantilly bien ferme et les violettes cristallisées et concassées. Réservez au frais.

/ Garnissez le fond de chaque verre d'1 biscuit imbibé de liqueur de violette.

/ Déposez une première couche de crème au mascarpone. Répartissez le coulis de mûres à la violette. Recouvrez d'une seconde couche de crème.

/ Décorez de quelques violettes cristallisées et réservez au frais pendant 2 heures avant de servir.

Bon à savoir !
Pour une version sans alcool, vous pouvez utiliser du sirop de violette.

Tiramisu de poires et figues

Préparation
10 minutes

Sans cuisson

Ingrédients pour 4 personnes
4 petits pains d'épices de Noël
250 g de mascarpone
3 jaunes d'œufs
240 g de sucre semoule
10 cl de crème liquide
1 pincée d'épices à pain d'épices
2 poires au sirop
6 figues fraîches
4 cuillerées à soupe de marsala

Pour le décor :
poudre de cannelle

/ Coupez les poires et les figues en quartiers. Dans une casserole, caramélisez à sec 140 grammes de sucre jusqu'à ce qu'il prenne une teinte blonde. Déglacez avec 8 centilitres d'eau et laissez réduire afin d'obtenir un liquide sirupeux. Ajoutez la pincée d'épices, les poires et les figues et mélangez doucement pour bien les enrober de caramel. Laissez refroidir.

/ Dans un saladier, mélangez au fouet le mascarpone avec les jaunes d'œufs et 100 grammes de sucre semoule. Ajoutez la crème liquide montée en chantilly bien ferme. Réservez au frais.

/ Garnissez le fond de chaque verre d'1 petit pain d'épices imbibé de marsala.

/ Déposez une première couche de crème au mascarpone. Répartissez les poires et les figues au caramel d'épices. Recouvrez d'une seconde couche de crème.

/ Saupoudrez de poudre de cannelle et réservez au frais pendant 2 heures avant de servir.

Bon à savoir !
Pour une version sans alcool,
vous pouvez utiliser du caramel liquide.

Tiramisu abricots et mangue

Préparation
15 minutes

Sans cuisson

Ingrédients pour 4 personnes
2 tranches de pain d'épices
250 g de mascarpone
3 jaunes d'œufs
150 g de sucre semoule
10 cl de crème liquide
le zeste d'½ orange
15 cl de jus d'orange
150 g d'abricots
100 g de mangue
4 cuillerées à soupe de Cointreau®

Pour le décor :
pistaches hachées

/ Coupez les abricots et la mangue en petits cubes. Dans une casserole, caramélisez 50 grammes de sucre semoule avec 1 cuillerée à soupe d'eau. Versez le jus d'orange et plongez les cubes d'abricots et de mangue. Faites cuire à feu doux pendant 5 minutes. Laissez refroidir.

/ Dans un saladier, mélangez au fouet le mascarpone avec les jaunes d'œufs et le sucre semoule restant et le zeste d'orange râpé. Ajoutez la crème liquide montée en chantilly bien ferme. Réservez au frais.

/ Garnissez le fond de chaque verre avec ½ tranche de pain d'épices imbibée de Cointreau®.

/ Déposez une première couche de crème au mascarpone. Répartissez les cubes d'abricots et de mangue. Recouvrez d'une seconde couche de crème.

/ Saupoudrez de pistaches hachées et réservez au frais pendant 2 heures avant de servir.

Bon à savoir !
Pour une version sans alcool,
vous pouvez utiliser du nectar d'abricot.

Tiramisu cassis–pain d'épices

Préparation
15 minutes

Sans cuisson

Ingrédients pour 4 personnes
4 tranches de pain d'épices
250 g de mascarpone
3 jaunes d'œufs
100 g de sucre semoule
1 cuillerée à soupe d'amaretto
4 cuillerées à soupe de crème de cassis
10 cl de crème liquide
150 g de confiture de cassis
1 pincée de cannelle

Pour le décor :
poudre de cacao

/ Dans une casserole, faites fondre à petit feu la confiture de cassis. Ajoutez 2 tranches de pain d'épices et laissez cuire pendant 1 minute. Incorporez la cannelle et mixez finement le tout. Réservez.

/ Dans un saladier, mélangez au fouet le mascarpone avec les jaunes d'œufs, le sucre semoule et l'amaretto. Ajoutez la crème liquide montée en chantilly bien ferme. Réservez au frais.

/ Garnissez le fond de chaque verre avec ½ tranche de pain d'épices grossièrement émiettée et imbibée de crème de cassis.

/ Déposez une première couche de crème au mascarpone. Répartissez la purée de pain d'épices au cassis et recouvrez d'une seconde couche de crème.

/ Saupoudrez de poudre de cacao et réservez au frais pendant 2 heures avant de servir.

Bon à savoir !
Pour une version sans alcool, vous pouvez utiliser du sirop de cassis.

Tiramisu ananas, vanille et fruit de la passion

Préparation
10 minutes

Sans cuisson

Ingrédients pour 4 personnes
2 tranches de pain d'épices
250 g de mascarpone
3 jaunes d'œufs
100 g de sucre semoule
10 cl de crème liquide
4 cuillerées à soupe de Passoã®
le zeste d'½ d'orange
200 g d'ananas
30 g de beurre
30 g de cassonade
1 gousse de vanille
10 cl de jus ou nectar de fruit de la passion

Pour le décor :
coulis aux fruits de la passion

/ Dans une casserole, caramélisez l'ananas coupé en gros cubes avec le beurre, la cassonade, la gousse de vanille fendue en deux et le zeste d'orange râpé. Déglacez avec le jus de la passion et réduisez en enrobant les cubes d'ananas de ce sirop. Laissez refroidir.

/ Dans un saladier, mélangez au fouet le mascarpone avec les jaunes d'œufs et le sucre semoule. Ajoutez la crème liquide montée en chantilly bien ferme. Réservez au frais.

/ Garnissez le fond de chaque verre avec ½ tranche de pain d'épices grossièrement émiettée et imbibée de Passoã®.

/ Déposez une première couche de crème au mascarpone. Répartissez des cubes d'ananas au sirop et recouvrez d'une seconde couche de crème.

/ Arrosez de coulis aux fruits de la passion et réservez au frais pendant 2 heures avant de servir.

Bon à savoir !
Pour une version sans alcool, vous pouvez utiliser du jus d'ananas.

Tiramisu, rhubarbe et pain d'épices

Préparation
15 minutes

Sans cuisson

Ingrédients pour 4 personnes
2 tranches de pain d'épices
250 g de mascarpone
3 jaunes d'œufs
100 g de sucre semoule
1 cuillerée à soupe d'amaretto
10 cl de crème liquide
4 cuillerées à soupe de marsala
250 g de rhubarbe
50 g de sucre vanillé

Pour le décor :
quelques fines baguettes de pain d'épices séchées

/ Lavez et coupez la rhubarbe en tronçons. Faites-les cuire dans une casserole avec le sucre vanillé à feu doux pendant 10 minutes. Mixez en une fine compote et réservez au frais.

/ Dans un saladier, mélangez au fouet le mascarpone avec les jaunes d'œufs, le sucre semoule et l'amaretto. Ajoutez la crème liquide montée en chantilly bien ferme. Réservez au frais.

/ Garnissez le fond de chaque verre avec ½ tranche de pain d'épices grossièrement émiettée et imbibée de marsala.

/ Déposez une première couche de crème au mascarpone. Répartissez la compote de rhubarbe au pain d'épices et recouvrez d'une seconde couche de crème.

/ Décorez de baguettes de pain d'épices séchées et réservez au frais pendant 2 heures avant de servir.

Bon à savoir !
Pour une version sans alcool, vous pouvez utiliser du sirop d'orange.

Tiramisu de macarons aux 3 fruits noirs

Préparation
15 minutes

Sans cuisson

Ingrédients pour 4 personnes
100 g de macarons
250 g de mascarpone
3 jaunes d'œufs
100 g de sucre semoule
10 cl de crème liquide
le zeste d'½ orange
2 cuillerées à soupe d'amaretto

Pour le coulis de fruits noirs :
100 g de myrtilles
100 g de mûres
100 g de cassis
50 g de vergeoise brune

Pour le décor :
quelques fruits noirs entiers

/ Préparez le coulis de fruits noirs : dans une casserole, portez à ébullition les 3 fruits noirs avec la vergeoise et 5 centilitres d'eau pendant 1 minute. Passez au moulin à légumes et réservez au frais.

/ Dans un saladier, mélangez au fouet le mascarpone avec les jaunes d'œufs, le sucre semoule, le zeste d'orange râpé, l'amaretto et les macarons émiettés. Ajoutez la crème liquide montée en chantilly bien ferme. Réservez au frais.

/ Garnissez le fond de chaque verre de crème au mascarpone. Versez du coulis de fruits noirs par-dessus. Recouvrez d'une seconde couche de crème et nappez du coulis restant.

/ Décorez de quelques fruits noirs et réservez au frais pendant 2 heures avant de servir.

Bon à savoir !
Pour une version sans alcool, vous pouvez utiliser du sirop de cassis.

Tiramisu nougat et fraises

Préparation
10 minutes (+ 1 heure de macération)

Sans cuisson

Ingrédients pour 4 personnes
6 macarons
250 g de mascarpone
3 jaunes d'œufs
100 g de sucre semoule
1 cuillerée à soupe d'eau de fleur d'oranger
10 cl de crème liquide
100 g de brisures de nougat
200 g de fraises
3 cuillerées à soupe de cassonade
6 cuillerées à soupe de liqueur de chartreuse jaune

Pour le décor :
quelques brisures de nougat

/ Lavez, équeutez et coupez les fraises en morceaux. Saupoudrez-les de cassonade et arrosez-les avec 2 cuillerées à soupe de liqueur de chartreuse. Laissez macérer 1 heure en remuant de temps en temps.

/ Dans un saladier, mélangez au fouet le mascarpone avec les jaunes d'œufs, le sucre et l'eau de fleur d'oranger. Ajoutez la crème liquide montée en chantilly bien ferme et les brisures de nougat. Réservez au frais.

/ Garnissez le fond de chaque verre de brisures de macarons imbibées du restant de chartreuse.

/ Déposez une première couche de crème mascarpone-nougat. Répartissez les fraises à la chartreuse et recouvrez d'une seconde couche de crème.

/ Saupoudrez de brisures de nougat et réservez au frais pendant 2 heures avant de servir.

Bon à savoir !
Pour une version sans alcool, faites macérer les fraises avec le jus d'1 citron et 1 cuillerée à soupe de sucre semoule. Arrosez les macarons de ce sirop.

Tiramisu de figues et framboises à l'anis

Préparation
10 minutes

Sans cuisson

Ingrédients pour 4 personnes
6 macarons
250 g de mascarpone
3 jaunes d'œufs
100 g de sucre semoule
le zeste d'½ citron
10 cl de crème liquide
4 cuillerées à soupe d'amaretto
8 figues violettes
30 g de cassonade
150 g de framboises
1 pincée d'anis vert

Pour le décor :
amandes effilées

/ Dans une casserole, portez à ébullition les framboises et la cassonade avec 4 centilitres d'eau pendant 4 minutes. Passez au moulin à légumes et ajoutez l'anis vert. Mélangez ce coulis avec les figues coupées en quartiers. Réservez au frais.

/ Dans un saladier, mélangez au fouet le mascarpone avec les jaunes d'œufs, le sucre semoule et le zeste de citron râpé. Ajoutez la crème liquide montée en chantilly bien ferme. Réservez au frais.

/ Garnissez le fond de chaque verre avec des brisures de macarons imbibées d'amaretto.

/ Déposez une première couche de crème au mascarpone. Répartissez les figues au coulis de framboises et recouvrez d'une seconde couche de crème.

/ Décorez de quelques amandes effilées et réservez au frais pendant 2 heures avant de servir.

Bon à savoir !
Pour une version sans alcool, vous pouvez utiliser du sirop d'anis ou de citron.

Tiramisu cerises au marsala

Préparation
15 minutes

Sans cuisson

Ingrédients pour 4 personnes
6 macarons
250 g de mascarpone
3 jaunes d'œufs
100 g de sucre semoule
le zeste d'1/2 citron
10 cl de crème liquide
4 cuillerées à soupe de marsala

Pour les cerises au marsala :
300 g de cerises
20 cl de vin rouge de Bordeaux
8 cl de marsala
1 gousse de vanille

Pour le décor :
coulis de cerises

/ Préparez les cerises au marsala : dans une casserole, portez à ébullition le vin rouge avec le marsala et la gousse de vanille fendue en deux puis laissez cuire à feu doux et réduire jusqu'à l'obtention d'un liquide sirupeux. Versez sur les cerises dénoyautées et réservez au frais.

/ Dans un saladier, mélangez au fouet le mascarpone avec les jaunes d'œufs, le sucre semoule et le zeste de citron râpé. Ajoutez la crème liquide montée en chantilly bien ferme. Réservez au frais.

/ Garnissez le fond de chaque verre de brisures de macarons imbibées de 4 cuillerées à soupe de marsala.

/ Déposez une première couche de crème au mascarpone. Répartissez les cerises au marsala et recouvrez d'une seconde couche de crème.

/ Nappez de coulis de cerises et réservez au frais pendant 2 heures avant de servir.

Bon à savoir !
Pour une version sans alcool, vous pouvez utiliser des cerises au sirop ou de la confiture de griottes.

Tiramisu au citron meringué

Préparation
5 minutes

Sans cuisson

Ingrédients pour 4 personnes
100 g de macarons
250 g de mascarpone
3 jaunes d'œufs
100 g de sucre semoule
le zeste d'1 citron
10 cl de crème liquide
8 cl de lemoncello

Pour la meringue :
2 blancs d'œufs
125 g de sucre semoule

/ Dans un saladier, mélangez au fouet le mascarpone avec les jaunes d'œufs, le sucre semoule et le zeste de citron râpé. Ajoutez la crème liquide montée en chantilly bien ferme. Incorporez les macarons émiettés et imbibés de lemoncello. Répartissez dans 4 pots de verre allant au four. Réservez au frais.

/ Préparez la meringue : dans un cul-de-poule, mettez les blancs d'œufs et le sucre semoule. Posez sur une casserole d'eau frémissante et montez en neige très ferme.

/ Recouvrez de meringue les 4 pots de crème. Saupoudrez de sucre glace et colorez rapidement sous le gril du four. Servez aussitôt.

Bon à savoir !
Pour une version sans alcool, vous pouvez utiliser du soda citron.

Tiramisu macarons, framboises

Préparation
5 minutes

Sans cuisson

Ingrédients pour 4 personnes
100 g de macarons
250 g de mascarpone
3 jaunes d'œufs
100 g de sucre semoule
10 cl de crème liquide
8 cl de marsala

Pour le coulis de framboises :
200 g de framboises
30 g de sucre vanillé

Pour le décor :
pralin

/ Dans une casserole, portez à ébullition 4 centilitres d'eau avec 150 grammes de framboises et le sucre vanillé pendant 1 minute. Passez au moulin à légumes (grille fine). Réservez 4 cuillerées à soupe de ce coulis et mélangez le reste avec les framboises entières.

/ Dans un saladier, mélangez au fouet le mascarpone avec les jaunes d'œufs et le sucre semoule. Ajoutez la crème liquide montée en chantilly bien ferme. Incorporez les macarons émiettés et imbibés de marsala. Réservez au frais.

/ Garnissez le fond de chaque verre de framboises.

/ Déposez une première couche de crème mascarpone-macarons. Nappez de coulis de framboises et recouvrez d'une seconde couche de crème.

/ Saupoudrez de pralin et réservez au frais pendant 2 heures avant de servir.

Bon à savoir !
Pour une version sans alcool, vous pouvez utiliser du sirop de framboise ou de la limonade aux fruits rouges.

Tiramisu abricots au thé Earl Grey

Préparation
10 minutes

Sans cuisson

Ingrédients pour 4 personnes
6 macarons
250 g de mascarpone
3 jaunes d'œufs
100 g de sucre semoule
le zeste d'½ orange
10 cl de crème liquide
300 g d'abricots

Pour le sirop de thé :
3 g de thé Earl Grey
100 g de sucre semoule
30 g de sucre vanillé

Pour le décor :
poudre de cacao

/ Dans un saladier, mélangez au fouet le mascarpone avec les jaunes d'œufs, le sucre semoule et le zeste d'orange râpé. Ajoutez la crème liquide montée en chantilly bien ferme. Réservez.

/ Préparez le sirop de thé : dans une casserole, portez à ébullition 25 centilitres d'eau avec le sucre semoule et le sucre vanillé pendant 3 minutes. Retirez du feu, ajoutez le thé et laissez infuser 4 minutes sous couvert. Filtrez à l'aide d'une passoire fine.

/ Plongez les abricots dénoyautés dans le sirop de thé et faites cuire à feu doux pendant 3 minutes. Laissez refroidir.

/ Garnissez le fond de chaque verre de brisures de macarons imbibées de sirop de thé.

/ Déposez une première couche de crème au mascarpone. Répartissez les abricots au thé et recouvrez d'une seconde couche de crème.

/ Saupoudrez de poudre de cacao et réservez au frais pendant 2 heures avant de servir.

Tiramisu bananes et fruit de la passion

Préparation
1 minute

Sans cuisson

Ingrédients pour 4 personnes
6 sablés à la noix de coco
250 g de mascarpone
3 jaunes d'œufs
100 g de sucre semoule
10 cl de crème liquide
5 cuillerées à soupe de liqueur de Passoã®
2 bananes
20 cl de nectar de fruit de la passion

Pour le décor :
confettis en sucre

/ Dans une casserole réduisez de moitié le nectar de fruit de la passion. Mélangez avec les bananes épluchées et coupées en rondelles. Réservez.
/ Dans un saladier mélangez au fouet le mascarpone avec les jaunes d'œufs, le sucre semoule et 1 cuillerée à soupe de liqueur de Passoã®. Ajoutez la crème liquide montée en chantilly bien ferme. Réservez au frais.
/ Garnissez le fond de chaque verre de brisures de sablés à la noix de coco imbibées de liqueur de Passoã®.
/ Disposez une première couche de crème au mascarpone. Répartissez les bananes au nectar de passion et recouvrez d'une seconde couche de crème.
/ Saupoudrez de confettis en sucre et réservez au frais pendant 2 heures avant de servir.

Bon à savoir !
Pour une version sans alcool, vous pouvez utiliser du nectar de mangue ou de fruit de la passion.

Tiramisu citron vert et bananes flambées

Préparation
10 minutes

Sans cuisson

Ingrédients pour 8 personnes
4 rochers noix de coco
250 g de mascarpone
3 jaunes d'œufs
100 g de sucre semoule
le zeste d'1 citron vert
5 cuillerées à soupe de Malibu®
10 cl de crème liquide
2 bananes
1 cuillerée à soupe de rhum
20 g de beurre
20 g de cassonade

Pour le décor :
zestes de citron vert

/ Dans un saladier mélangez au fouet le mascarpone avec les jaunes d'œufs, le sucre semoule, le zeste râpé du citron vert et 1 cuillerée à soupe de Malibu®. Ajoutez la crème liquide montée en chantilly bien ferme. Réservez au frais.

/ Poêlez les bananes épluchées et coupées en rondelles dans le beurre et la cassonade. Déglacez au rhum en grattant bien le fond de la poêle avec une spatule et flambez. Laissez refroidir.

/ Garnissez le fond de chaque verre d'1 rocher à la noix de coco imbibé de Malibu®.

/ Déposez une première couche de crème au mascarpone. Répartissez les bananes flambées et recouvrez d'une seconde couche de crème.

/ Décorez de zestes de citron vert et placez au frais pendant 2 heures avant de servir.

Bon à savoir !
Pour une version sans alcool, vous pouvez utiliser du jus d'ananas.

Tiramisu « Mont-Blanc »

Préparation
15 minutes

Sans cuisson

Ingrédients pour 4 personnes
2 nonettes à l'orange
250 g de mascarpone
3 jaunes d'œufs
100 g de sucre semoule
10 cl de crème liquide
1 cuillerée à soupe de rhum
4 cuillerées à soupe de marsala

Pour le Mont-Blanc :
200 g de crème de marrons
1 cuillerée à soupe de rhum
2 cl de crème liquide
40 g de brisures de marrons glacés

Pour le décor :
crème de marrons

/ Préparez le Mont-Blanc : mélangez la crème de marrons avec le rhum et la crème liquide montée en chantilly. Incorporez les brisures de marrons glacés et réservez au frais.

/ Dans un saladier mélangez au fouet le mascarpone avec les jaunes d'œufs, le sucre semoule et le rhum. Ajoutez la crème liquide montée en chantilly bien ferme. Réservez au frais.

/ Garnissez le fond de chaque verre avec 1/2 nonette à l'orange imbibée de marsala.

/ Déposez une première couche de crème au mascarpone. Répartissez la mousse Mont-Blanc et recouvrez d'une seconde couche de crème.

/ Décorez de serpentins de crème de marrons et réservez au frais pendant 2 heures avant de servir.

Bon à savoir !
Pour une version sans alcool,
vous pouvez utiliser du sirop d'orange.

Tiramisu « Belle-Hélène »

Préparation
10 minutes

Sans cuisson

Ingrédients pour 4 personnes
2 tranches de cake au chocolat
250 g de mascarpone
3 jaunes d'œufs
100 g de sucre semoule
10 cl de crème liquide
4 cuillerées à soupe d'amaretto
4 demi-poires au sirop

Pour le coulis au chocolat :
125 g de chocolat noir
1 cuillerée à soupe d'amaretto
20 g de beurre

Pour le décor :
copeaux de chocolat

/ Préparez le coulis au chocolat : dans une casserole portez 15 centilitres d'eau à ébullition. Hors du feu ajoutez le chocolat noir cassé en morceaux et laissez fondre en fouettant. Incorporez le beurre et 1 cuillerée à soupe d'amaretto. Réservez.

/ Dans un saladier mélangez au fouet le mascarpone avec les jaunes d'œufs et le sucre semoule. Ajoutez la crème liquide montée en chantilly bien ferme. Réservez au frais.

/ Garnissez le fond de chaque verre d'½ tranche de cake au chocolat imbibée d'amaretto.

/ Déposez une première couche de crème au mascarpone. Répartissez les poires, nappez de coulis au chocolat et recouvrez d'une seconde couche de crème.

/ Saupoudrez de copeaux de chocolat et réservez au frais pendant 2 heures avant de servir.

Bon à savoir !
Pour une version sans alcool, vous pouvez utiliser du jus de poire ou le sirop des poires.

Tiramisu pommes Tatin

Préparation
15 minutes

Sans cuisson

Ingrédients pour 4 personnes
2 tranches de cake aux raisins
250 g de mascarpone
3 jaunes d'œufs
10 cl de crème liquide
400 g de sucre semoule
1 gousse de vanille
120 g de beurre demi-sel
3 pommes
4 cuillerées à soupe de marsala

Pour le décor :
poudre de cannelle et 4 fleurs d'anis étoilé

/ Dans un saladier mélangez au fouet le mascarpone avec les jaunes d'œufs et 100 grammes de sucre semoule. Ajoutez la crème liquide montée en chantilly bien ferme. Réservez au frais.

/ Dans une casserole, caramélisez le sucre restant avec 8 centilitres d'eau et la gousse de vanille fendue en deux jusqu'à l'obtention d'une teinte blonde. Enlevez la gousse de vanille. Incorporez aussitôt le beurre coupé en morceaux. Ajoutez les pommes épluchées et coupées en quartiers, faites cuire à feu doux pendant 10 minutes. Laissez refroidir.

/ Garnissez le fond de chaque verre d'½ tranche de cake aux raisins imbibée de marsala.

/ Déposez une première couche de crème au mascarpone. Répartissez les pommes Tatin et recouvrez d'une seconde couche de crème.

/ Décorez de poudre de cannelle et de fleurs d'anis étoilé et réservez au frais pendant 2 heures avant de servir.

Bon à savoir !
Pour une version sans alcool, vous pouvez utiliser du jus de pomme.

Tiramisu chocolat au lait, orange et cannelle

Préparation
15 minutes

Sans cuisson

Ingrédients pour 4 personnes
6 cookies au chocolat
250 g de mascarpone
3 jaunes d'œufs
100 g de sucre semoule
10 cl de crème liquide
le zeste d'1 orange
4 cuillerées à soupe de marsala
25 cl de lait
80 g d'orange confite
1 pointe de couteau de cannelle
80 g de chocolat au lait

Pour le décor :
zestes d'orange

/ Portez le lait à ébullition. Versez-le sur le chocolat coupé en morceaux en remuant. Incorporez la cannelle et l'orange confite. Réservez.
/ Dans un saladier mélangez au fouet le mascarpone avec les jaunes d'œufs, le sucre semoule et le zeste d'orange râpé. Ajoutez la crème liquide montée en chantilly bien ferme. Réservez au frais.
/ Garnissez le fond de chaque verre de brisures de cookies imbibées de marsala.
/ Déposez une première couche de crème au mascarpone. Nappez de sauce au chocolat et recouvrez d'une seconde couche de crème.
/ Décorez de zestes d'orange râpés et réservez au frais pendant 2 heures avant de servir.

Bon à savoir !
Pour une version sans alcool,
vous pouvez utiliser du caramel liquide.

Tiramisu mangue et thé pêche

Préparation
15 minutes

Sans cuisson

Ingrédients pour 4 personnes
4 rochers noix de coco
250 g de mascarpone
3 jaunes d'œufs
230 g de sucre semoule
10 cl de crème liquide
le zeste d'½ orange
300 g de chair de mangue
3 g de thé à la pêche
1/2 gousse de vanille
1 étoile de badiane

Pour le décor :
feuilles de thé

/ Dans un saladier mélangez au fouet le mascarpone avec les jaunes d'œufs, 100 grammes de sucre semoule et le zeste d'orange râpé. Ajoutez la crème liquide montée en chantilly bien ferme. Réservez.

/ Dans une casserole, portez à ébullition 25 centilitres d'eau avec le sucre restant, la gousse de vanille fendue en deux et l'étoile de badiane. Hors du feu, ajoutez le thé et laissez infuser 4 minutes sous couvert. Filtrez le sirop.

/ Épluchez la mangue et découpez-la en petits cubes. Plongez-les dans le sirop de thé et faites cuire à feu doux pendant 5 minutes. Laissez refroidir.

/ Garnissez le fond de chaque verre d'1 rocher à la noix de coco imbibé de sirop de thé.

/ Déposez une première couche de crème au mascarpone. Répartissez les dés de mangue au thé et recouvrez d'une seconde couche de crème.

/ Décorez de petits morceaux de feuilles de thé et réservez au frais pendant 2 heures avant de servir.

remerciements

Catherine Méry, styliste, remercie les boutiques suivantes pour leur précieuse et charmante collaboration :

Carré de buis pour ses délicieux verres : pages 4, 18, 22, 46, 58.

Jeanine Cros pour ses linges anciens : pages 6, 12, 42, 50, 58.

Dando Gourmet pour sa collection Ercuis et ses jolis gobelets : pages 24, 40, 52.

Designer Guild pour ses tissus : pages 6, 14, 22, 24, 28, 34, 36, 52.

Gargantua pour sa vaisselle et ses sets acidulés : pages 10, 34, 44.

Quartz pour ses verreries contemporaines : pages 16, 24, 28, 42.

To Be pour ses verres soufflés : page 38.

Carré de buis
39, rue Pergolèse 75116 Paris
Tél. : 01 45 00 23 15

Jeanine Cros dans de beaux draps
11, rue d'Assas 75006 Paris
Tél. : 01 45 48 00 67

Dando Gourmet
Za Pedebert
93, avenue des Tisserands 40150 Soorts Hossegor
Tél. : 05 58 43 53 34

Designer Guild, show-room
8, rue Saint-Nicolas 75012 Paris
Tél. : 01 44 67 80 70

Gargantua
Points de vente : www.gargantua.ch
Tél. : 01 43 55 92 47

Quartz
12, rue des Quatre-Vents 75006 Paris
Tél. : 01 43 54 03 00

To be
19, rue du Temple 75004 Paris
Tél. : 01 42 72 04 29

... et craquez aussi pour

Édition : Barbara Sabatier et Adèle Vay - Maquette : Natacha Marmouget - Relecture : Armelle et Bernard Heron
N° d'édition : M09123 - ISBN : 978 2 84270 594 7
Photogravure : Digifrance
Achevé d'imprimer en juin 2009 par Zanardi Group en Italie
Dépôt légal : septembre 2006 - Édition N°9